Super M

Mathematik für alle

2

Rechentraining

Herausgegeben von
Ursula Manten
Gudrun Hütten
Klaus Heinze

Erarbeitet von
Ulrike Braun

Cornelsen

① $5+4=$ __
$15+4=$____

$7+2=$ __
$17+2=$____

$3+5=$ __
$13+5=$____

$2+8=$____
$12+8=$____

② $8-3=$ __
$18-3=$____

$6-4=$ __
$16-4=$____

$7-5=$ __
$17-5=$____

$10-7=$ __
$20-7=$____

③ $6+3=$ __
$16+$__$=$____

$9-4=$ __
$19-$__$=$____

$4+2=$ __
$14+$__$=$____

$8-5=$ __
$18-$__$=$____

④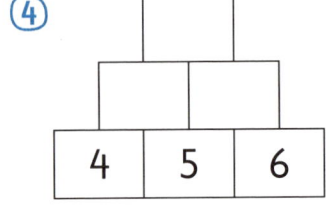

| 4 | 5 | 6 |

⑤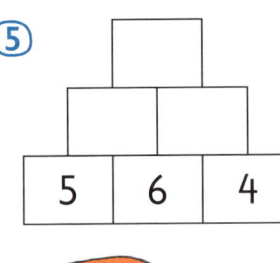

| 5 | 6 | 4 |

⑥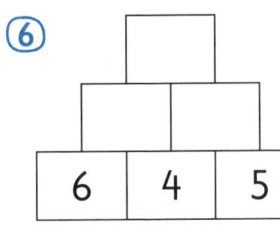

| 6 | 4 | 5 |

⑦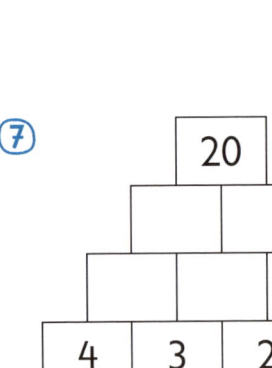

| 4 | 3 | 2 | 1 |

⑧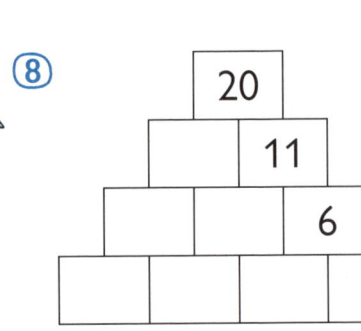

①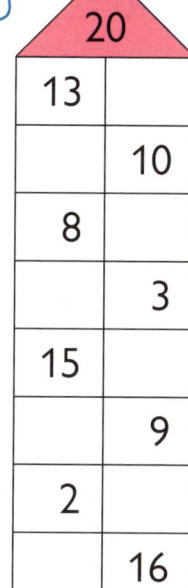

15	
8	
	9
4	
	13
12	
	5
10	
	1

②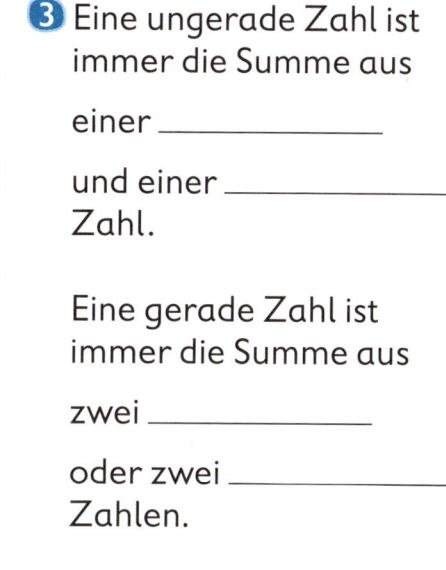

20	
13	
	10
8	
	3
15	
	9
2	
	16

❸ Eine ungerade Zahl ist immer die Summe aus

einer _____

und einer _____ Zahl.

Eine gerade Zahl ist immer die Summe aus

zwei _____

oder zwei _____ Zahlen.

④
$4 + 2 =$ _____
$6 + 4 =$ _____
$8 + 6 =$ _____
$10 + 8 =$ _____

⑤
$15 - 3 =$ _____
$15 - 5 =$ _____
$15 - 7 =$ _____
$15 - 9 =$ _____

⑥
$19 + 1 =$ _____
$17 + 3 =$ _____
$15 - 5 =$ _____
$11 - 9 =$ _____

⑦
$5 + 5 + 4 =$ _____
$6 + 4 + 2 =$ _____
$7 + 5 + 3 =$ _____
$8 + 2 + 8 =$ _____
$9 + 3 + 1 =$ _____
$4 + 7 + 6 =$ _____

⑧
$12 - 2 - 4 =$ __
$13 - 3 - 5 =$ __
$14 - 4 - 6 =$ __
$15 - 5 - 7 =$ __
$16 - 6 - 8 =$ __
$17 - 7 - 9 =$ __

⑨
$5 + 5 +$ _____ $= 20$
$6 + 6 +$ __ $= 20$
$7 + 7 +$ __ $= 20$
$8 + 8 +$ __ $= 20$
$9 + 9 +$ __ $= 20$
$10 + 10 +$ __ $= 20$

① $12 - 10 =$ _____
② $16 - 10 =$ _____
③ $4 + 4 =$ _____

$14 - 8 =$ _____
$15 - 9 =$ _____
$5 + 5 =$ _____

$16 - 6 =$ _____
$14 - 8 =$ _____
$6 + 6 =$ _____

$18 - 4 =$ _____
$13 - 7 =$ _____
$7 + 7 =$ _____

$20 - 2 =$ _____
$12 - 6 =$ _____
$8 + 8 =$ _____

④

4	6	3

⑤

19		
10		
		6

⑥

| | 9 | 11 |
| 7 | | |

⑦

| 18 | |
| 3 | | 5 |

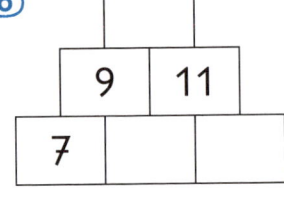

Ich probiere aus!

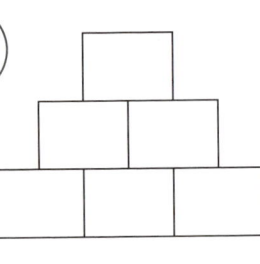

2 → 3 → 5 → 8 → 13

(2 + 3) (3 + 5) (5 + 8)

⑧ 3 — 4 — ○ — ○ — ○

⑨ 2 — ○ — 6 — ○ — ○

⑩ 1 — 3 — ○ — ○ — ○

⑪ 3 — 1 — ○ — ○ — ○

⑫ ○ — ○ — 3 — ○ — 11 — ○

①

+	2	4	6
3			
9			
13			
7			
14			

②

+	3	5	7
6			
8			
10			
12			
14			

Siehst du das Muster?

③

−	8	7	6
20			
18			
16			
14			

④

−	3	6
8		
18		
7		
17		

⑤

−	3	5
	14	
		13
	16	
		15

⑥ 6 →(+5) ☐ →(+3) ☐ →(+2) ☐ →(+4) ☐ →(+5) 25

⑦ 25 →(−4) ☐ →(−2) ☐ →(−5) ☐ →(−5) ☐ →(−3) ☐

⑧ 8 →(+) 12 →(−) 5 →(+) 14 →(+) 20 →(−) 11

⑨ ☐ →(+3) 16 →(−4) ☐ →(+) 20 →(−3) ☐ →(−) 10

⑩ ☐ →(−3) ☐ →(−2) ☐ →(−4) ☐ →(−3) ☐ →(−6) 2

Das kann ich schon!

$7 + 6 =$ _____

$2 + 11 =$ _____

$15 + 4 =$ _____

$16 - 4 =$ _____

$20 + 5 =$ _____

$14 - 7 =$ _____

$12 + 5 =$ _____

$20 - 10 =$ _____

$8 + 8 =$ _____

$18 + 4 =$ _____

$8 + 2 =$ _____

$20 - 1 =$ _____

$20 - 5 =$ _____

$14 - 5 =$ _____

$15 - 8 =$ _____

$9 + 4$ _____

$20 - 7 =$ _____

$19 - 12 =$ _____

$14 - 6 =$ _____

$9 + 9 =$ _____

$2 + 17 =$ _____

$19 - 2 =$ _____

$16 + 4 =$ _____

$4 + 16 =$ _____

$20 + 2$ _____

$17 - 5 =$ _____

$18 - 9 =$ _____

$8 + 7 =$ _____

$15 - 6 =$ _____

$13 - 8 =$ _____

$15 - 9 =$ _____

$8 + 5 =$ _____

$15 + 6 =$ _____

5, 6, 7, 7, 7, 8, 9, 9, 9, 10, 10, 11, 12, 12, 13, 13, 13, 13, 13, 15, 15, 16, 17, 17, 18, 19, 19, 19, 20, 20, 21, 22, 22, 25

Wie viele Lösungen findest du?

20

5

Linker Stein
plus rechter Stein
ergeben immer

_____

20

5

20

5

20

5

① 2 + __ = 5

12 + __ = 15

1 + __ = 8

11 + __ = 18

5 + __ = 10

15 + __ = 20

3 + __ = 9

13 + __ = 19

② 7 + __ = 12

9 + __ = 15

8 + __ = 16

6 + __ = 15

5 + __ = 13

4 + __ = 11

3 + __ = 10

10 + __ = 18

Ich rechne 5 + 7 = __

③ ____ − 7 = 5

____ − 8 = 9

____ − 6 = 7

____ − 5 = 6

④

+				
4	9		10	
14		16		18

⑤

−	3	7	5	8
14				
20				

⑥

+				
2	8		9	
12		15		16

⑦

−	4	6	8	10
		9		
	14			

Meine Tabellen

⑧

+				

⑨

−				

① 5 + 2 = _____

15 + 2 = _____

3 + 6 = _____

13 + 6 = _____

8 + 2 = _____

18 + 2 = _____

7 + 1 = _____

17 + 1 = _____

② 8 − 3 = _____

18 − 3 = _____

9 − 4 = _____

19 − 4 = _____

7 − 6 = _____

17 − 6 = _____

6 − 2 = _____

16 − 2 = _____

③ 7 + 7 = _____

6 + 7 = _____

16 − 8 = _____

17 − 8 = _____

9 + 9 = _____

8 + 9 = _____

12 − 6 = _____

12 − 5 = _____

④
2	5	8

⑤
7	6	3

⑥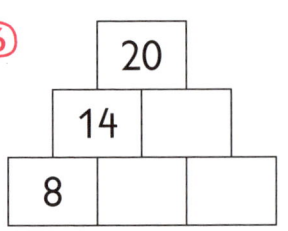

⑦ 14 + 4 = _____

4 + 14 = _____

8 + 7 = _____

7 + 8 = _____

12 + 5 = _____

5 + 12 = _____

⑧ 15 − 6 = ___

15 − ___ = 6

17 − 13 = ___

17 − ___ = 13

12 − 4 = ___

12 − ___ = 4

⑨ 14 − 5 = ___

_____ + 5 = 14

3 + 16 = ___

_____ − 16 = 3

11 − 3 = ___

_____ + 3 = 11

8

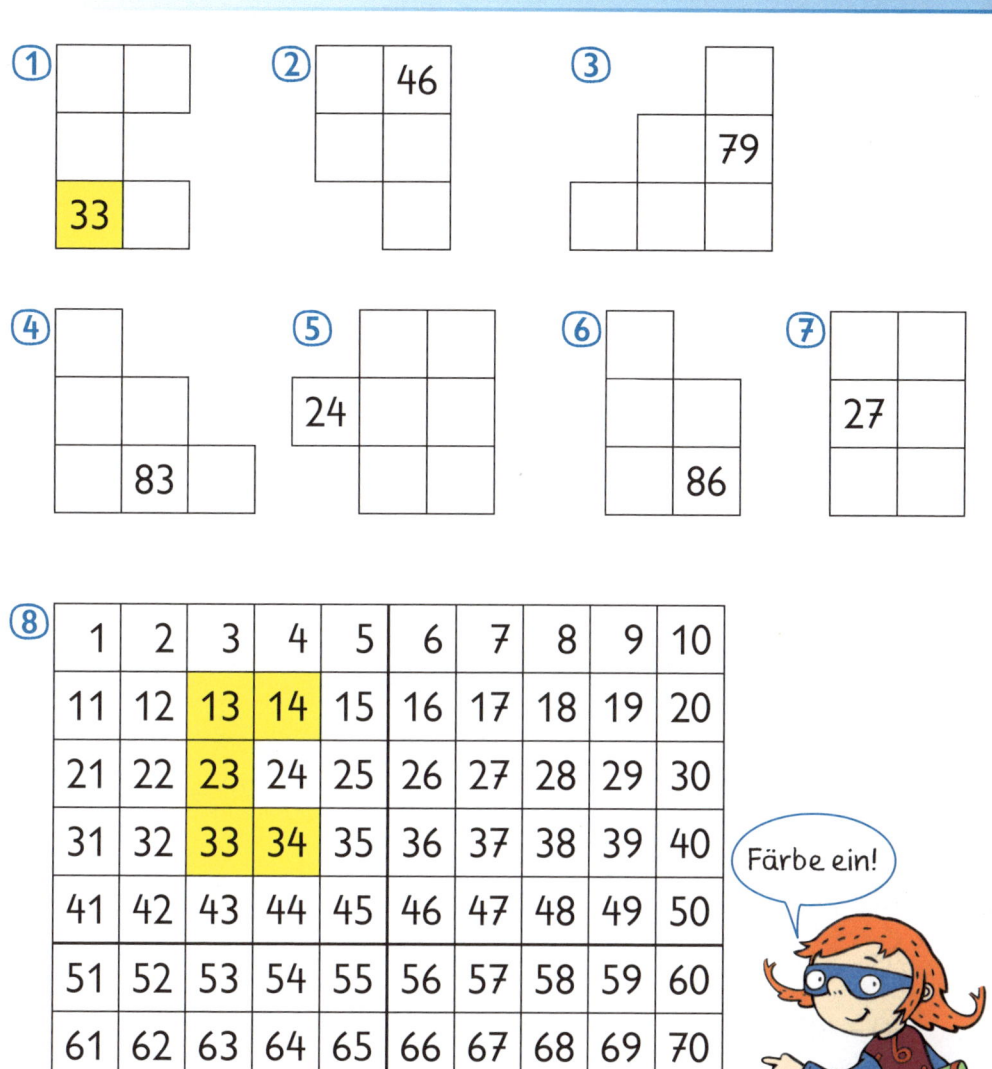

① | | | |
|---|---|
| 33 | |

② | | 46 |
|---|---|
| | |

③ | | |
|---|---|
| | 79 |
| | |

④ | | |
|---|---|
| | |
| 83 | |

⑤ | | |
|---|---|
| 24 | |
| | |

⑥ | | |
|---|---|
| | |
| | 86 |

⑦ | | |
|---|---|
| 27 | |
| | |

⑧

1	2	3	4	5	6	7	8	9	10
11	12	13	14	15	16	17	18	19	20
21	22	23	24	25	26	27	28	29	30
31	32	33	34	35	36	37	38	39	40
41	42	43	44	45	46	47	48	49	50
51	52	53	54	55	56	57	58	59	60
61	62	63	64	65	66	67	68	69	70
71	72	73	74	75	76	77	78	79	80
81	82	83	84	85	86	87	88	89	90
91	92	93	94	95	96	97	98	99	100

Färbe ein!

❾ In der Hundertertafel gibt es viel zu entdecken.
Schreibe in dein Heft.

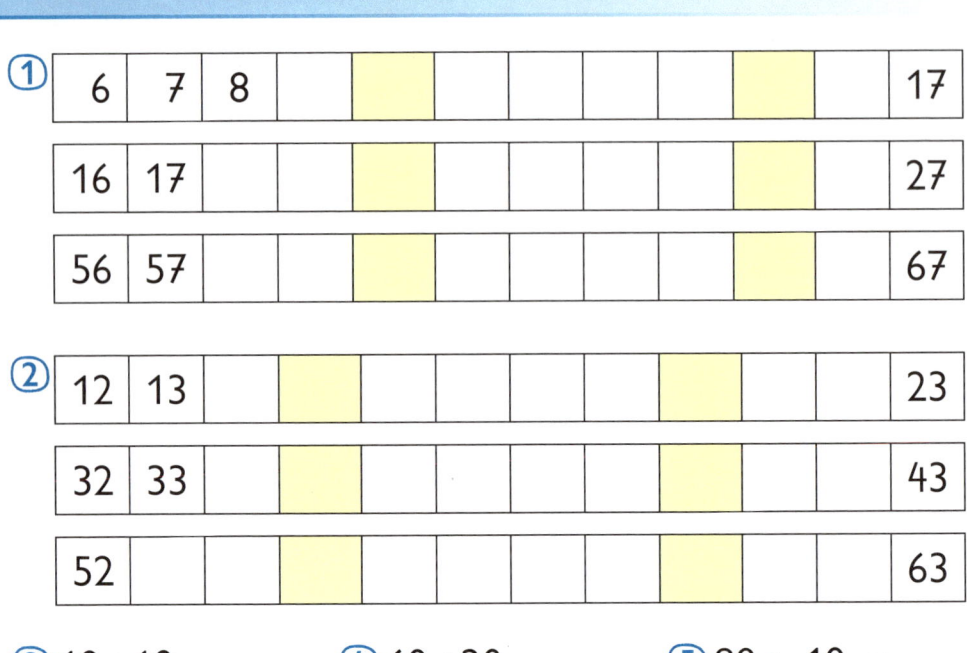

①

6	7	8									17
16	17										27
56	57										67

②

12	13									23
32	33									43
52										63

③ $10 + 10 =$ ____   **④** $60 + 20 =$ ____   **⑤** $90 + 10 =$ ____

  $20 + 20 =$ ____ $40 + 30 =$ ____ $80 + 20 =$ ____

  $30 + 30 =$ ____ $80 + 10 =$ ____ $70 +$ ____ $=$ ____

⑥ $80 - 20 =$ ____   **⑦** $30 +$ ____ $= 60$ **⑧** $90 -$ ____ $= 50$

  $70 - 30 =$ ____ $40 +$ ____ $= 70$ $60 -$ ____ $= 10$

  $60 - 40 =$ ____ $50 +$ ____ $= 80$ $80 -$ ____ $= 30$

⑨ Erkennst du das Muster?

1	11	21						
9	19	29						
1	12	23						

①

Vor-gänger	Zahl	Nach-folger
	9	
	19	
	39	
	50	
	71	

②

Vor-gänger	Zahl	Nach-folger
		42
	52	
62		
	77	
		100

③

Vor-gänger	Zahl	Nach-folger
31		
	31	
		31
		85
	85	

④ 2, 5, 8, _____, _____, _____, _____, 23

Regel: Immer plus _____ .

⑤ 12, 22, 32, _____, _____, _____, _____, 82

Regel: Immer _____ .

⑥ 100, 95, 90, _____, _____, _____, _____, 65

Regel: Immer _____ .

❼ Meine Zahlenfolge

_____, _____, _____, _____, _____, _____, _____, _____

Regel: Immer _____ .

⑧

⑨

⑩

⑪

① $1+ 1=$ _____
$10+10=$ _____

$2+ 2=$ _____
$20+20=$ _____

$3+ 3=$ _____
$30+30=$ _____

$4+ 4=$ _____
$40+40=$ _____

② $7- 3=$ _____
$70-30=$ _____

$9- 5=$ _____
$90-50=$ _____

$8- 4=$ _____
$80-40=$ _____

$5- 2=$ _____
$50-20=$ _____

③ $6+ 2=$ _____
$60+20=$ _____

$8- 3=$ _____
$80-30=$ _____

$4+ 5=$ _____
$40+50=$ _____

$7- 6=$ _____
$70-60=$ _____

④

+	40	30	20	10
20				
40				
60				

⑤

−	10	40	20	60	30
60					
80					
100					

⑥

+	20	50	30	10
	60			
		100		
			60	
				70
	30			

⑦

−	10	30	60	40	20
					60
				60	
			30		
		40			
	50				

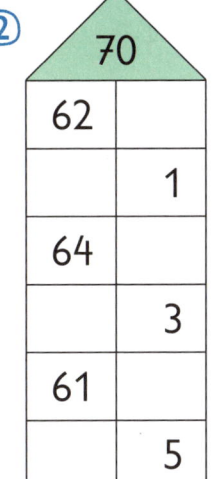

① 40

40	
38	
	34
30	
	40
35	
	31

② 70

70	
62	
	1
64	
	3
61	
	5

③ 60

60	
5	
3	
	56
	52
1	
50	

④
$37 + \underline{\quad} = 40$

$85 + \underline{\quad} = 90$

$66 + \underline{\quad} = 70$

$21 + \underline{\quad} = 30$

$43 + \underline{\quad} = 50$

⑤
$58 + \underline{\quad} = 60$

$79 + \underline{\quad} = \underline{\quad\quad}$

$94 + \underline{\quad} = \underline{\quad\quad}$

$45 + \underline{\quad} = \underline{\quad\quad}$

$16 + \underline{\quad} = \underline{\quad\quad}$

⑥
$73 - \underline{\quad} = 70$

$67 - \underline{\quad} = 60$

$52 - \underline{\quad} = \underline{\quad\quad}$

$29 - \underline{\quad} = \underline{\quad\quad}$

$48 - \underline{\quad} = \underline{\quad\quad}$

⑦

+	8	4	9	7
60				
40				
20				
30				
70				
50				

⑧

−	7	5	8	6
90				
70				
	93			
		45		
			52	
				24

Das kann ich schon!

$100 - 9 =$ ___	$70 - 8 =$ ___	$80 + 20 =$ ___
$7 + 7 =$ ___	$40 + 40 =$ ___	$90 - 20 =$ ___
$20 + 30 =$ ___	$80 - 5 =$ ___	$30 - 5 =$ ___
$70 - 5 =$ ___	$90 + 6 =$ ___	$60 + 2 =$ ___
$20 - 12 =$ ___	$60 - 30 =$ ___	$30 + 30 =$ ___
$50 + 20$ ___	$10 + 60$ ___	$67 + 3$ ___
$41 + 5 =$ ___	$50 - 25 =$ ___	$52 + 8 =$ ___
$40 - 10 =$ ___	$60 + 20 =$ ___	$100 - 25 =$ ___
$30 + 40$ ___	$27 + 3 =$ ___	$25 + 25 =$ ___
$100 - 70 =$ ___	$9 + 5 =$ ___	$80 - 8 =$ ___

8, 14, 14, 25, 25, 30, 30, 30, 46, 50, 50, 60, 60, 62, 62, 65, 70, 70, 70, 70, 70, 72, 75, 75, 80, 91, 96, 99, 100

Entdeckungen in der Hundertertafel. Kreuze an!

Schau auf Seite 9!

① Die Zahlen einer Spalte haben immer die gleiche Ziffer

☐ an der Einerstelle.　　☐ an der Zehnerstelle.

② Die Zahlen der 1. Spalte haben in der Einerstelle immer

☐ eine Null.　　☐ eine Eins.

③ Die Zahlen der Zehnerreihe stehen

☐ nebeneinander.　　☐ untereinander.

①
Vor-gänger	Zahl	Nach-folger
	4	
	24	
	44	
	94	
	14	

②
Vor-gänger	Zahl	Nach-folger
	18	
	36	
	49	
	61	
	70	

③
$4 + 5 =$ ___

$40 + 50 =$ ___

$7 - 2 =$ ___

$70 - 20 =$ ___

$3 + 6 =$ ___

$30 + 60 =$ ___

④
$40 + 7 =$ ___

$30 - 2 =$ ___

$50 + 9 =$ ___

$60 - 5 =$ ___

$70 - 4 =$ ___

$80 + 6 =$ ___

$90 - 9 =$ ___

⑤
$38 - 3 =$ ___

$42 + 6 =$ ___

$67 - 5 =$ ___

$59 - 8 =$ ___

$24 + 6 =$ ___

$71 + 7 =$ ___

$55 - 2 =$ ___

⑥
$40 +$ ___ $= 70$

$80 +$ ___ $= 100$

$56 +$ ___ $= 60$

$32 +$ ___ $= 40$

$90 -$ ___ $= 50$

$60 -$ ___ $= 20$

⑦
$34 =$ ___ $- 4$

$60 =$ ___ $- 30$

$70 =$ ___ $+ 20$

$59 =$ ___ $+ 7$

$81 =$ ___ $- 6$

$100 =$ ___ $+ 5$

⑧
___ $+ 8 = 70$

$48 -$ ___ $= 42$

$33 +$ ___ $= 40$

___ $- 30 = 70$

___ $+ 6 = 99$

___ $- 60 = 0$

①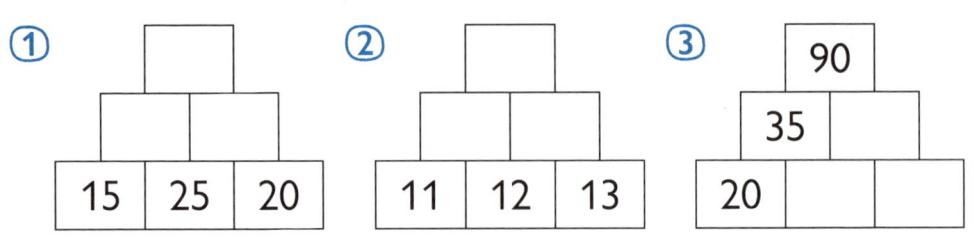

②

③ 90 / 35 / 20

④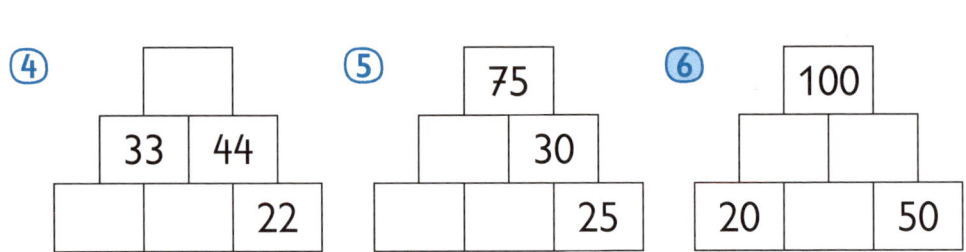

⑤ 75 / 30 / 25

⑥ 100 / 20 / 50

⑦ $4 + 5 =$ ____

$14 + 5 =$ ____

$34 + 5 =$ ____

⑧ $7 + 3 =$ ____

$27 + 3 =$ ____

$77 + 3 =$ ____

⑨ $8 + 1 =$ ____

$38 + 1 =$ ____

$58 + 1 =$ ____

⑩ $8 - 2 =$ ____

$48 - 2 =$ ____

$88 - 2 =$ ____

⑪ $9 - 4 =$ ____

$19 - 4 =$ ____

$69 - 4 =$ ____

⑫ $6 - 6 =$ ____

$36 - 6 =$ ____

$66 - 6 =$ ____

⑬ 10 11 ◯ ◯ ◯

⑭ 11 10 ◯ ◯ ◯

⑮ 33 0 ◯ ◯ ◯

⑯ 0 33 ◯ ◯ ◯

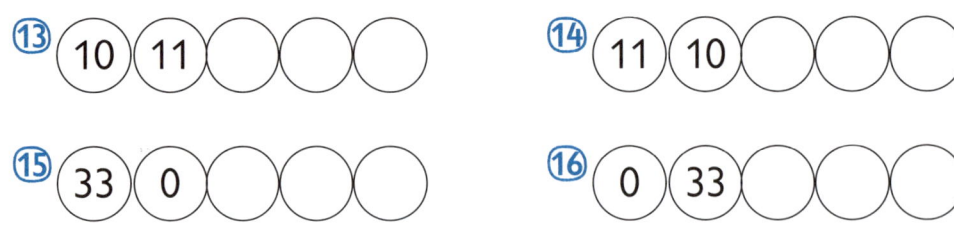

⑰ ◯ ◯ ◯ 60 100

⑱ ◯ 15 30 ◯ ◯

① 100 | 75 | 25

$75 + 25 =$ ____

$25 + 75 =$ ____

$100 - 25 =$ ____

$100 - 75 =$ ____

② 22 | 66 | 44

____ $+$ ____ $=$ ____

____ $+$ ____ $=$ ____

____ $-$ ____ $=$ ____

____ $-$ ____ $=$ ____

3 Zahlen –
4 Aufgaben

③ 45 | ☐ | 60

____ $+$ ____ $=$ ____

____ $+$ ____ $=$ ____

____ $-$ ____ $=$ ____

____ $-$ ____ $=$ ____

④ ☐ | ☐ | ☐

____ $+$ ____ $=$ ____

____ $+$ ____ $=$ ____

____ $-$ ____ $=$ ____

____ $-$ ____ $=$ ____

⑤ 10 → +20 → ☐ → +20 → ☐ → +20 → ☐ → +20 → ☐ → +20 → 110

⑥ 95 → −15 → ☐ → −5 → ☐ → −25 → ☐ → −20 → ☐ → −15 → ☐

⑦ 12 → + → 24 → + → 48 → − → 30 → − → 5 → + → 20

⑧ ☐ → +20 → 36 → −16 → ☐ → +80 → ☐ → − → 50 → + → 72

⑨ ☐ → −10 → ☐ → −20 → ☐ → −30 → ☐ → −20 → ☐ → −10 → 8

① 45	
40	
39	
35	
37	
41	
38	
44	

② 71	
	5
69	
	4
68	
	70
	8
65	

③ 84	
79	
	77
6	
	9
74	
	76
80	

④ 53	
	5
	7
	9
	8
	6
	4
	3

⑤ $6+10=$ ____

$16+10=$ ____

$36+10=$ ____

⑥ $14-10=$ ____

$44-10=$ ____

$84-10=$ ____

⑦ $3+$ ___ $=10$

$23+$ ___ $=30$

$73+$ ___ $=80$

⑧ $8+20=$ ____

$28+20=$ ____

$48+20=$ ____

⑨ $27-20=$ ____

$57-20=$ ____

$97-20=$ ____

⑩ $15-$ ___ $=10$

$35-$ ___ $=30$

$85-$ ___ $=80$

⑪ $4+30=$ ____

$14+30=$ ____

$34+30=$ ____

⑫ $39-30=$ ____

$69-30=$ ____

$99-30=$ ____

⑬ $1+$ ___ $=10$

$41+$ ___ $=50$

$81+$ ___ $=90$

Ⓜ ① $14 + 10 =$ _____ ② $33 - 10 =$ _____ ③ $45 + 20 =$ _____

$14 + 20 =$ _____ $33 - 20 =$ _____ $45 - 20 =$ _____

$38 + 20 =$ _____ $47 - 20 =$ _____ $57 + 30 =$ _____

$38 + 30 =$ _____ $47 - 30 =$ _____ $57 - 30 =$ _____

$56 + 30 =$ _____ $62 - 30 =$ _____ $73 + 10 =$ _____

$56 + 40 =$ _____ $62 - 40 =$ _____ _____ $-$ _____ $=$ _____

$27 + 40 =$ _____ $84 - 40 =$ _____ $61 +$ _____ $=$ _____

$27 + 50 =$ _____ $84 - 50 =$ _____ _____ $-$ _____ $=$ _____

④ 4, 14, 24, _____, _____, _____, _____, _____, _____, 94

Regel: Immer plus _____ .

⑤ 22, 24, 26, _____, _____, 32, _____, _____, _____, 40

Regel: Immer _____ .

⑥ 98, 88, 78, _____, _____, _____, _____, _____, _____, 8

Regel: _____ .

⑦ 75, 70, 65, _____, _____, 50, _____, _____, _____, 30

Regel: _____ .

❽ Meine Zahlenfolge:

_____

Regel: _____ .

①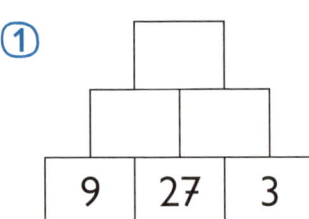

9	27	3

②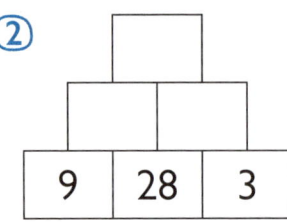

9	28	3

③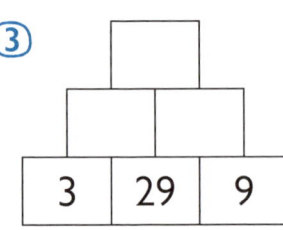

3	29	9

④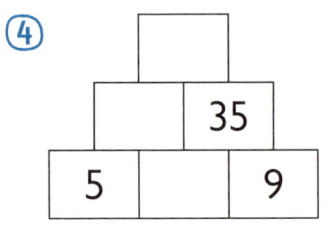

	35
5	9

⑤

100	
	81
	77

⑥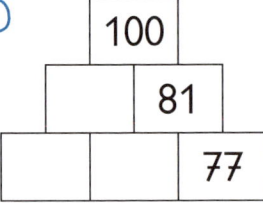

73	
40	11

⑦
$73 + 7 + 4 = $ _____

$74 + 6 + 3 = $ _____

$38 + 2 + 5 = $ _____

$56 + 4 + 4 = $ _____

$42 + 8 + 1 = $ _____

$27 + 3 + 4 = $ _____

$39 + 1 + 8 = $ _____

$96 + 4 + 5 = $ _____

Bis zum Zehner und dann weiter!

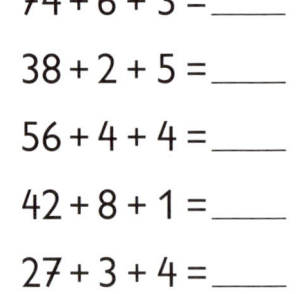

⑧
$72 - 2 - 3 = $ _____

$54 - 4 - 5 = $ _____

$36 - 6 - 2 = $ _____

$17 - 7 - 1 = $ _____

$83 - 3 - 6 = $ _____

$65 - 5 - 3 = $ _____

$48 - 8 - 4 = $ _____

$91 - 1 - 9 = $ _____

① (40)(6)( )( )   ② (24)(8)( )( )

③ (69)(5)( )( )   ④ (37)(9)( )( )

⑤ (29)( )(36)( )   ⑥ ( )(9)(52)( )

⑦

−	7	10	17
46			
66			
86			
96			
56			

⑧

−	8	20	28
34			
54			
74			
84			
94			

⑨

+	6	10	16
19			
39			
59			
29			
69			

⑩

+	9	20	29
27			
47			
67			
37			
57			

Was fällt dir auf?

① $6 - 4 =$ _____

$60 - 40 =$ _____

$8 - 3 =$ _____

$80 - 30 =$ _____

$9 - 5 =$ _____

$90 - 50 =$ _____

$10 - 2 =$ _____

$100 - 20 =$ _____

② $15 - 7 =$ _____

$45 - 7 =$ _____

$17 - 9 =$ _____

$37 - 9 =$ _____

$12 - 5 =$ _____

$72 - 5 =$ _____

$13 - 8 =$ _____

$63 - 8 =$ _____

③ _____ $- 5 = 38$

_____ $- 6 = 49$

_____ $- 4 = 77$

_____ $- 8 = 56$

_____ $- 3 = 88$

_____ $- 7 = 65$

_____ $- 2 = 98$

_____ $- 9 = 26$

④

$-$	21	12	24	15	26	13
66						
86						
76						

⑤

$-$	13	20	26
30			
36			
39			
47			
67			
58			
89			
76			

⑥

$+$	44	55	26	52	63	74
11						
22						
33						

①

34	
24	
14	
4	
28	
26	
23	
29	

②

57	
	9
17	
	27
47	
	20
7	
	2

③

76	
	26
46	
	10
30	
	50
20	
	36

④

95	
	40
91	
	32
54	
	63
50	
	20

⑤

+	4	40	42	44	50
12					
22					
14					
24					
34					

⑥

−	6	16	20	26
38				
48				
68				
78				
100				

⑦

28			
	8		
17	3		14

⑧

	30		
	23		
2		5	

Das kann ich schon!

85 − 7 = _____   42 − 8 = _____

24 − 8 = _____   100 − 1 = _____

88 + 8 = _____   73 + 7 = _____

75 + 25 = _____   25 + 9 = _____

27 + 7 = _____   92 − 7 = _____

91 − 6 = _____   85 + 6 = _____

25 − 9 = _____   35 − 7 = _____

89 + 10 = _____   80 − 30 = _____

53 − 8 = _____   84 + 5 = _____

29 + 5 = _____   28 + 6 = _____

16, 16, 28, 34, 34, 34, 34, 34, 36, 45, 50, 78, 80, 85, 85, 89, 91, 96, 99, 99, 100

Färbe passend ein!

| 15 + 35 |

| 20 + 18 |

| 40 + 15 |

| 22 + 28 |

| 40 + 9 |

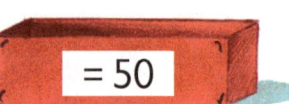

Ich mache einen Über-schlag!

| 30 + 32 |

| 48 + 2 |

| 15 + 15 |

| 20 + 45 |

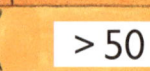

| < 50 | | = 50 | | > 50 |

① $32 + 30 + 5 =$ ____

$57 + 20 + 2 =$ ____

$24 + 60 + 4 =$ ____

$41 + 40 + 8 =$ ____

$66 + 10 + 4 =$ ____

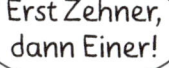

Erst Zehner, dann Einer!

② $84 - 50 - 3 =$ ____

$79 - 30 - 6 =$ ____

$50 - 20 - 4 =$ ____

$48 - 10 - 8 =$ ____

$67 - 40 - 6 =$ ____

③ $27 + 12 =$ ____

$43 + 24 =$ ____

$52 + 36 =$ ____

$35 + 34 =$ ____

$13 + 76 =$ ____

④ $76 - 24 =$ ____

$58 - 36 =$ ____

$89 - 18 =$ ____

$64 - 42 =$ ____

$37 - 15 =$ ____

⑤ $83 - 41 =$ ____

$32 + 56 =$ ____

$78 - 33 =$ ____

$69 - 18 =$ ____

$55 + 44 =$ ____

⑥

+	17			
31		60		73
22			44	

⑦

−	25			
89		42		67
78			40	

⑧

+	29		36	
	99			
54		78		85
			100	

⑨

−		64	58	
100	71			
		11		38
	56			

①

```
        65
    32
        12
            7
```

②

```
            43
                22
                    12  13
```

③

```
    8   9   12
```

④

```
    8   12   9
```

⑤

```
    12   8   9
```

⑥

```
        42
    22      2
```

⑦ −	6	9
14		
24		
44		
27		
57		
39		

⑧ +	6	16	20
13			
23			
43			
24			
34			
60			

⑨ −	4	8
20		
40		
12		
22		
42		
44		

① $64 + 20 =$ ____

  $35 + 30 =$ ____

  $14 + 80 =$ ____

  $48 + 50 =$ ____

  $74 + 10 =$ ____

② $28 - 20 =$ ____

  $72 - 40 =$ ____

  $88 - 60 =$ ____

  $69 - 30 =$ ____

  $51 - 20 =$ ____

③ $19 + 50 =$ ____

  $58 - 40 =$ ____

  $37 + 20 =$ ____

  $98 - 70 =$ ____

  $23 + 60 =$ ____

④ $36 + \_\_ = 40$

  $73 + \_\_ = 80$

  $41 + \_\_ = 50$

  $62 + \_\_ = 70$

⑤ $48 - \_\_ = 40$

  $53 - \_\_ = 50$

  $97 - \_\_ = 90$

  $25 - \_\_ = 20$

⑥ $94 + \_\_ = 100$

  $34 - \_\_ = \ 30$

  $76 + \_\_ = \ 80$

  $86 - \_\_ = \ 80$

⑦
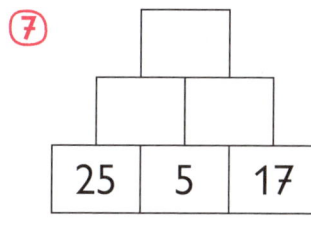

| 25 | 5 | 17 |

⑧

| 45 | 31 |
| 8 |

⑨
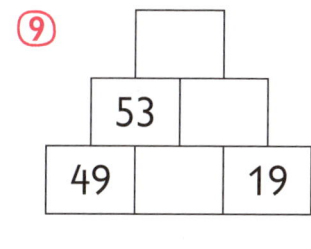

| 53 |
| 49 | | 19 |

⑩ 26 8 ◯ ◯ ◯

⑪ 8 26 ◯ ◯ ◯

⑫ ◯ 22 ◯ 53 ◯

⑬ ◯ 7 21 ◯ ◯

⑭ 50 ◯ ◯ ◯ 100

⑮ ◯ 0 ◯ ◯ 86

27

① 0, 2, 4, ___, ___, ___, ___, ___, ___, ___, ___, 22

② 0, 5, 10, ___, ___, ___, ___, ___, ___, ___, ___, 55

③ 0, 10, 20, ___, ___, ___, ___, ___, ___, ___, ___, 110

④ $0 \cdot 10 =$ ___
    $1 \cdot 10 =$ ___
    $2 \cdot 10 =$ ___
    $3 \cdot 10 =$ ___
    $4 \cdot 10 =$ ___
    $5 \cdot 10 =$ ___
    $6 \cdot 10 =$ ___
    $7 \cdot 10 =$ ___
    $8 \cdot 10 =$ ___
    $9 \cdot 10 =$ ___
    $10 \cdot 10 =$ ___

⑤ $50 =$ ___ $\cdot 10$
    $80 =$ ___ $\cdot 10$
    $40 =$ ___ $\cdot 10$
    $20 =$ ___ $\cdot 10$
    $0 =$ ___ $\cdot 10$
    $70 =$ ___ $\cdot 10$
    $30 =$ ___ $\cdot 10$
    $10 =$ ___ $\cdot 10$
    $100 =$ ___ $\cdot 10$
    $60 =$ ___ $\cdot 10$
    $90 =$ ___ $\cdot 10$

⑥ ___ $\cdot 10 = 20$
    ___ $\cdot 10 = 40$
    ___ $\cdot 10 = 60$
    ___ $\cdot 10 = 80$
    ___ $\cdot 10 = 100$
    ___ $\cdot 10 = 10$
    ___ $\cdot 10 = 30$
    ___ $\cdot 10 = 50$
    ___ $\cdot 10 = 70$
    ___ $\cdot 10 = 90$
    ___ $\cdot 10 = 0$

⑦ 110, 100, ___, ___, ___, ___, 50, ___, ___, ___, 10

⑧ 65, 60, ___, ___, ___, ___, 35, ___, ___, ___, ___, 10

⑨ 34, 32, 30, ___, ___, ___, 22, ___, ___, ___, ___, 12

① $0 \cdot 5 = \underline{\quad}$

$1 \cdot 5 = \underline{\quad}$

$2 \cdot 5 = \underline{\quad}$

$3 \cdot 5 = \underline{\quad}$

$4 \cdot 5 = \underline{\quad}$

$5 \cdot 5 = \underline{\quad}$

$6 \cdot 5 = \underline{\quad}$

$7 \cdot 5 = \underline{\quad}$

$8 \cdot 5 = \underline{\quad}$

$9 \cdot 5 = \underline{\quad}$

$10 \cdot 5 = \underline{\quad}$

② $40 = \underline{\quad} \cdot 5$

$30 = \underline{\quad} \cdot 5$

$10 = \underline{\quad} \cdot 5$

$50 = \underline{\quad} \cdot 5$

$35 = \underline{\quad} \cdot 5$

$20 = \underline{\quad} \cdot 5$

$5 = \underline{\quad} \cdot 5$

$15 = \underline{\quad} \cdot 5$

$25 = \underline{\quad} \cdot 5$

$45 = \underline{\quad} \cdot 5$

$0 = \underline{\quad} \cdot 5$

③ $\underline{\quad} \cdot 5 = 20$

$\underline{\quad} \cdot 5 = 50$

$\underline{\quad} \cdot 5 = 5$

$\underline{\quad} \cdot 5 = 25$

$\underline{\quad} \cdot 5 = 35$

$\underline{\quad} \cdot 5 = 10$

$\underline{\quad} \cdot 5 = 0$

$\underline{\quad} \cdot 5 = 45$

$\underline{\quad} \cdot 5 = 30$

$\underline{\quad} \cdot 5 = 40$

$\underline{\quad} \cdot 5 = 15$

④ $3 \cdot 5 = \underline{\quad}$

$3 \cdot 10 = \underline{\quad}$

$6 \cdot 5 = \underline{\quad}$

$6 \cdot 10 = \underline{\quad}$

⑤ $4 \cdot 5 = \underline{\quad}$

$4 \cdot 10 = \underline{\quad}$

$8 \cdot 5 = \underline{\quad}$

$8 \cdot 10 = \underline{\quad}$

⑥ $2 \cdot 5 = \underline{\quad}$

$2 \cdot 10 = \underline{\quad}$

$5 \cdot 5 = \underline{\quad}$

$5 \cdot 10 = \underline{\quad}$

❼ Mir fällt auf, dass _____

_____

_____

_____

Was fällt dir auf?

① 0 · 2 = ____

1 · 2 = ____

2 · 2 = ____

3 · 2 = ____

4 · 2 = ____

5 · 2 = ____

6 · 2 = ____

7 · 2 = ____

8 · 2 = ____

9 · 2 = ____

10 · 2 = ____

② 20 = ____ · 2

18 = ____ · 2

16 = ____ · 2

14 = ____ · 2

12 = ____ · 2

10 = ____ · 2

8 = ____ · 2

6 = ____ · 2

4 = ____ · 2

2 = ____ · 2

0 = ____ · 2

③ ____ · 2 = 8

____ · 2 = 10

____ · 2 = 18

____ · 2 = 4

____ · 2 = 20

____ · 2 = 12

____ · 2 = 0

____ · 2 = 6

____ · 2 = 16

____ · 2 = 14

____ · 2 = 2

④ 6, 8, 10, ____, ____, ____, ____, ____, ____, 24

Regel: Immer _____ .

⑤ 36, 34, 32, ____, ____, ____, ____, ____, ____, 18

Regel: Immer _____ .

⑥ 72, 66, 60, ____, ____, ____, ____, ____, ____, ____, ____, 6, 0

Regel: _____ .

❼ Meine Zahlenfolge:

_____

Regel: _____ .

①

·	2	5	10
0			
2			
4			
6			
8			
10			

②

·	10	5	2
1			
3			
5			
7			
9			
0			

③

·	8					2			
5	30				25	15			
2		8	14				0		18
10			10					100	

⑤ 99 →(−30)→ □ →(+5)→ □ →(−9)→ □ →(−50)→ □ →(+15)→ □

⑥ □ →(−15)→ 35 →(+9)→ □ →(+22)→ □ →(−)→ 58 →(+)→ 88

Mein Trick: Ich rechne die Umkehraufgabe!

⑦ □ →(−12)→ □ →(−15)→ □ →(+6)→ □ →(+40)→ □ →(+9)→ 100

Das kann ich schon!

$2 \cdot 5 =$ ____

$5 \cdot 0 =$ ____

$7 \cdot 10 =$ ____

$4 \cdot 2 =$ ____

$6 \cdot 5 =$ ____

$5 \cdot 9 =$ ____

$7 \cdot 5 =$ ____

$5 \cdot 10 =$ ____

$10 \cdot 8 =$ ____

$5 \cdot 6 =$ ____

$5 \cdot 2 =$ ____

$10 \cdot 10 =$ ____

$8 \cdot 5 =$ ____

$10 \cdot 3 =$ ____

$2 \cdot 4 =$ ____

$10 \cdot 5 =$ ____

$7 \cdot 2 =$ ____

$4 \cdot 5 =$ ____

$9 \cdot 5 =$ ____

$5 \cdot 3 =$ ____

> $1 \cdot 1$
> mit 2, 5, 10

0, 8, 8, 10, 10, 14, 15, 20, 30, 30, 30, 35, 40, 45, 45,
50, 50, 70, 80, 90, 100

> Kreuze an!

① Die Zahlen der Zweierreihe sind
immer ☐ gerade. ☐ ungerade.

② Alle Zahlen der Zehnerreihe sind auch Zahlen
☐ der Dreierreihe. ☐ der Fünferreihe.

③ Die Zahlen der Zehnerreihe haben an der Einerstelle
immer ☐ eine Null. ☐ eine Eins.

④ Wenn ich mit Null multipliziere ist das Ergebnis
immer ☐ Eins. ☐ eine Null.

① $17 + 41 =$ ____   ② $97 - 25 =$ ____   ③ $23 + 35 =$ ____

   $24 + 33 =$ ____ $89 - 37 =$ ____ $95 - 63 =$ ____

   $38 + 21 =$ ____ $56 - 34 =$ ____ $47 + 42 =$ ____

   $55 + 44 =$ ____ $75 - 22 =$ ____ $88 - 33 =$ ____

④ $23 + 40 + 8 =$ ____   ⑤ $84 - 60 - 6 =$ ____

   $44 + 30 + 9 =$ ____ $72 - 30 - 7 =$ ____

   $38 + 50 + 5 =$ ____ $54 - 20 - 8 =$ ____

   $59 + 20 + 4 =$ ____ $91 - 50 - 3 =$ ____

⑥

59

23	
	12
38	
	51

⑦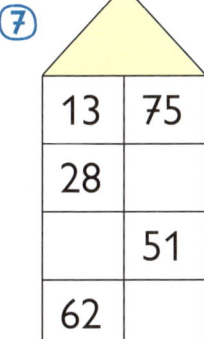

13	75
28	
	51
62	

⑧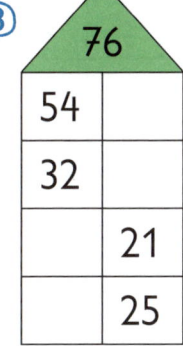

76

54	
32	
	21
	25

⑨

75	24
	55
62	
	71

Meine Zahlenhäuser

⑩

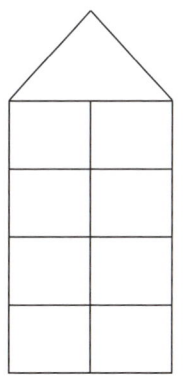

① $7+8=$ _____

$17+8=$ _____

$27+8=$ _____

② $6+9=$ _____

$16+9=$ _____

$36+9=$ _____

③ $5+7=$ _____

$25+7=$ _____

$45+7=$ _____

④ $18+4=$ _____

$18+5=$ _____

$18+6=$ _____

_____ $+$ __ $=$ _____

_____ $+$ __ $=$ _____

⑤ $47+3=$ _____

$48+4=$ _____

$49+5=$ _____

_____ $+$ __ $=$ _____

_____ $+$ __ $=$ _____

⑥ $56+8=$ _____

$56+7=$ _____

$56+6=$ _____

_____ $+$ __ $=$ _____

_____ $+$ __ $=$ _____

⑦

+	6	7	8	9
14				
34				
54				
74				
84				

⑧

−	2	4	6	8
52				
63				
74				
85				
96				

⑨ $23-4=$ _____

$33-4=$ _____

$43-4=$ _____

_____ $-$ __ $=$ _____

_____ $-$ __ $=$ _____

⑩ $65-6=$ _____

$65-7=$ _____

$65-8=$ _____

_____ $-$ __ $=$ _____

_____ $-$ __ $=$ _____

⑪ $71-5=$ _____

$72-6=$ _____

$73-7=$ _____

_____ $-$ __ $=$ _____

_____ $-$ __ $=$ _____

① $8+6=$＿＿＿
　$18+6=$＿＿＿
　$38+6=$＿＿＿

② $26+35=$＿＿＿
　$26+36=$＿＿＿
　$26+37=$＿＿＿

③ $7+5=$＿＿＿
　$27+5=$＿＿＿
　$47+5=$＿＿＿

④ $38+45=$＿＿＿
　$38+44=$＿＿＿
　$38+43=$＿＿＿

⑤ $9+4=$＿＿＿
　$29+4=$＿＿＿
　$39+4=$＿＿＿

⑥ $64+29=$＿＿＿
　$65+29=$＿＿＿
　$66+29=$＿＿＿

⑦ $68+16=$＿＿＿
　$67+17=$＿＿＿
　$66+18=$＿＿＿

⑧ ⟨13⟩⟨14⟩◯◯◯

⑨ ⟨14⟩⟨15⟩◯◯◯

⑩ ◯⟨16⟩⟨17⟩◯◯

⑪ ◯◯⟨18⟩⟨19⟩◯

⑫ $33-16=$＿＿＿
　$63-26=$＿＿＿
　$93-46=$＿＿＿

⑬ $54-36=$＿＿＿
　$54-37=$＿＿＿
　$54-38=$＿＿＿

⑭ $61-34=$＿＿＿
　$62-35=$＿＿＿
　$63-36=$＿＿＿

⑮ $42-27=$＿＿＿
　$72-47=$＿＿＿
　$92-67=$＿＿＿

⑯ $92-29=$＿＿＿
　$93-29=$＿＿＿
　$94-29=$＿＿＿

⑰ $86-19=$＿＿＿
　$75-28=$＿＿＿
　$64-37=$＿＿＿

① $1 \cdot 4 =$ ___

$2 \cdot 4 =$ ___

$3 \cdot 4 =$ ___

$4 \cdot 4 =$ ___

$5 \cdot 4 =$ ___

$6 \cdot 4 =$ ___

$7 \cdot 4 =$ ___

$8 \cdot 4 =$ ___

$9 \cdot 4 =$ ___

$10 \cdot 4 =$ ___

② $28 =$ ___ $\cdot 4$

$12 =$ ___ $\cdot 4$

$4 =$ ___ $\cdot 4$

$40 =$ ___ $\cdot 4$

$32 =$ ___ $\cdot 4$

$8 =$ ___ $\cdot 4$

$16 =$ ___ $\cdot 4$

$36 =$ ___ $\cdot 4$

$24 =$ ___ $\cdot 4$

$20 =$ ___ $\cdot 4$

③ ___ $\cdot 4 = 20$

___ $\cdot 4 = 40$

___ $\cdot 4 = 32$

___ $\cdot 4 = 8$

___ $\cdot 4 = 16$

___ $\cdot 4 = 36$

___ $\cdot 4 = 24$

___ $\cdot 4 = 4$

___ $\cdot 4 = 12$

___ $\cdot 4 = 28$

④

$\cdot$	2	4	5	10
4				
6				
8				
10				
0				

⑤

$\cdot$	10	5	4	2
3				
5				
1				
2				
7				

⑥ 4, 8, 12, ___, ___, ___, ___, ___, ___, ___, 44, ___, ___

⑦ 48, 44, ___, ___, ___, ___, ___, ___, ___, ___, ___, 4, 0

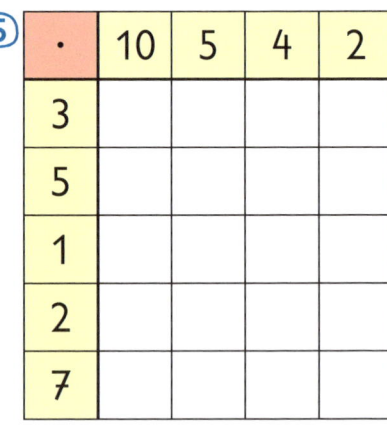

① $24 + \underline{\quad} = 50$ ② $54 - \underline{\quad} = 20$

    $37 + \underline{\quad} = 60$ $47 - \underline{\quad} = 10$

    $72 + \underline{\quad} = 90$ $81 - \underline{\quad} = 40$

    $18 + \underline{\quad} = 40$ $93 - \underline{\quad} = 60$

③ $8 \xrightarrow{\cdot 2} \square \xrightarrow{+12} \square \xrightarrow{-18} \square \xrightarrow{\cdot 2} \square \xrightarrow{+80} \square$

④ $32 \xrightarrow{+18} \square \xrightarrow{-45} \square \xrightarrow{\cdot 3} \square \xrightarrow{-9} \square \xrightarrow{\cdot 7} \square$

⑤ $\square \xrightarrow{+13} 59 \xrightarrow{-54} \square \xrightarrow{\cdot 6} 30 \xrightarrow{-} 2 \xrightarrow{\cdot 9} \square$

⑥ $100 \xrightarrow{-} 75 \xrightarrow{-} 65 \xrightarrow{-} 50 \xrightarrow{-} 10 \xrightarrow{\cdot} 100$

⑦ $\square \xrightarrow{-95} \square \xrightarrow{\cdot 5} \square \xrightarrow{-21} \square \xrightarrow{\cdot 10} \square \xrightarrow{-17} 23$

⑧ $2 \xrightarrow{\cdot 2} \square \xrightarrow{\cdot 2} \square \xrightarrow{\cdot 2} \square \xrightarrow{\cdot 2} \square \xrightarrow{\cdot 2} \square$

$<, >$ oder $=$?

⑨ $74 - 22 \bigcirc 50$ ⑩ $38 + 60 \bigcirc 100$ ⑪ $65 - 31 \bigcirc 38$

    $88 - 40 \bigcirc 45$ $43 + 37 \bigcirc 75$ $17 + 18 \bigcirc 35$

    $45 + 23 \bigcirc 70$ $83 - 22 \bigcirc 61$ $99 - 44 \bigcirc 50$

    $51 + 32 \bigcirc 80$ $100 - 25 \bigcirc 70$ $65 + 25 \bigcirc 90$

Das kann ich schon!

$35 + 37 =$ _____ $6 \cdot 5 =$ _____

$6 \cdot 10 =$ _____ $2 \cdot 10 =$ _____

$4 \cdot 4 =$ _____ $45 + 47 =$ _____

$6 \cdot 2 =$ _____ $80 - 60 =$ _____

$91 - 19 =$ _____ $25 + 25 =$ _____

$4 \cdot 6 =$ _____ $8 + 12$ _____

$5 \cdot 4 =$ _____ $9 \cdot 4 =$ _____

$5 \cdot 6 =$ _____ $5 \cdot 10 =$ _____

$100 - 14 =$ _____ $9 \cdot 5 =$ _____

$18 + 18 =$ _____ $24 - 12 =$ _____

$99 - 49 =$ _____ $4 \cdot 10 =$ _____

$50 + 22 =$ _____ $56 - 36 =$ _____

12, 12, 16, 20, 20, 20, 20, 20, 24, 25, 30, 30, 36, 36, 40, 45, 50, 50, 50, 60, 72, 72, 72, 86, 92

Finde verschiedene Malaufgaben!

$24 =$ __$4 \cdot 6$__ $=$ _____ $=$ _____ $=$ _____ $=$ _____

$20 =$ _____ $=$ _____ $=$ _____ $=$ _____ $=$ _____

$40 =$ _____ $=$ _____ $=$ _____ $=$ _____ $=$ _____

Meine Zahl

___ $=$ _____ $=$ _____ $=$ _____ $=$ _____ $=$ _____

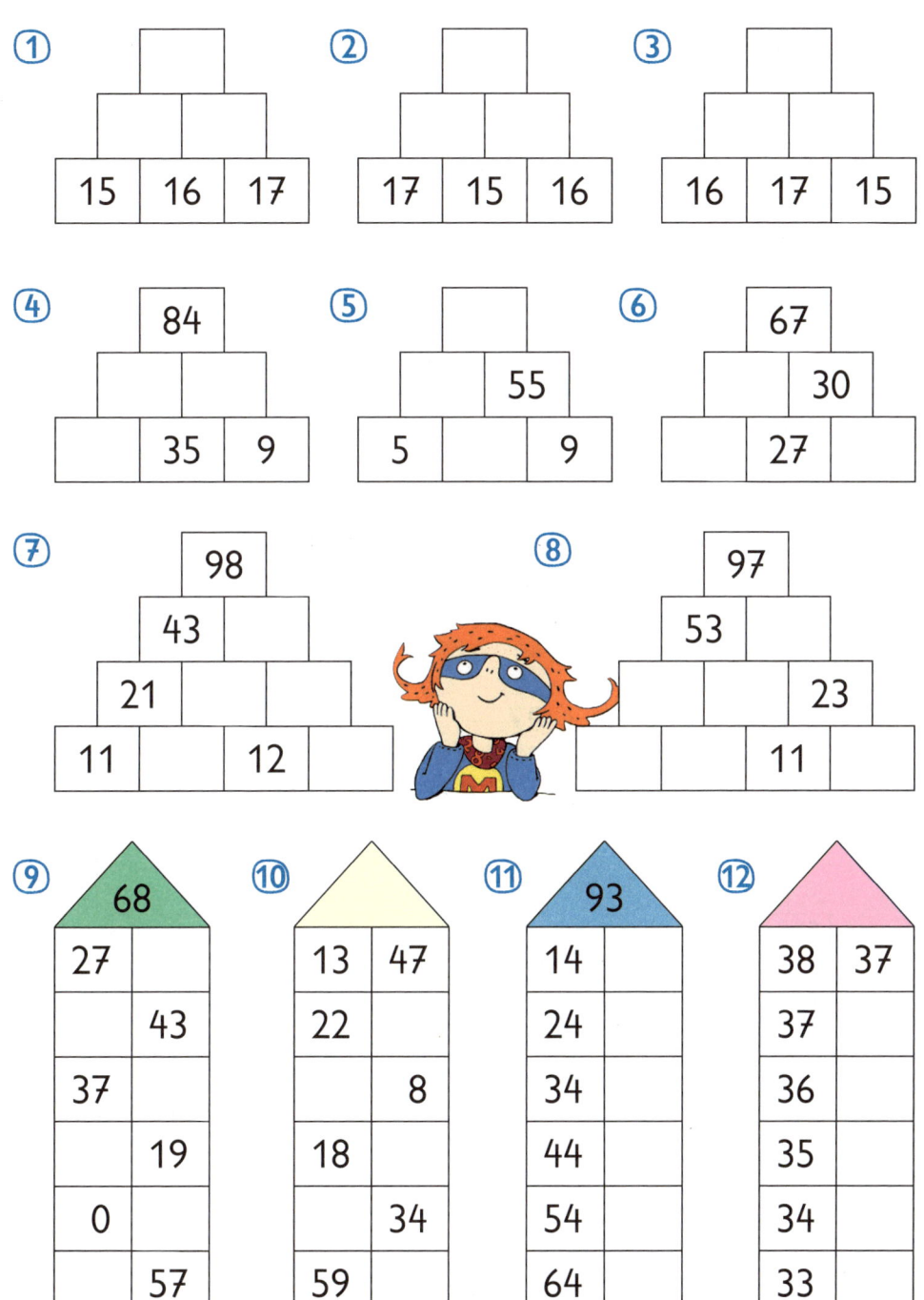

①
15	16	17

②
| 17 | 15 | 16 |

③
| 16 | 17 | 15 |

④ 84 … 35 9

⑤ 55 … 5 9

⑥ 67 … 30 … 27

⑦ 98 / 43 / 21 / 11 … 12

⑧ 97 / 53 … 23 / 11

⑨ 68
27	
	43
37	
	19
0	
	57

⑩
13	47
22	
	8
18	
	34
59	

⑪ 93
14	
24	
34	
44	
54	
64	

⑫
38	37
37	
36	
35	
34	
33	

① $4 \cdot 5 =$ ____

$3 \cdot 2 =$ ____

$7 \cdot 4 =$ ____

$2 \cdot 6 =$ ____

$4 \cdot 4 =$ ____

$3 \cdot 10 =$ ____

$2 \cdot 5 =$ ____

$9 \cdot 4 =$ ____

② $18 =$ ____ $\cdot 2$

$30 =$ ____ $\cdot 5$

$70 =$ ____ $\cdot 10$

$12 =$ ____ $\cdot 4$

$8 =$ ____ $\cdot 2$

$24 =$ ____ $\cdot 4$

$100 =$ ____ $\cdot 10$

$32 =$ ____ $\cdot 4$

③ __ $\cdot 5 = 35$

__ $\cdot 10 = 20$

__ $\cdot 2 = 16$

__ $\cdot 4 = 4$

__ $\cdot 10 = 80$

__ $\cdot 2 = 14$

__ $\cdot 5 = 45$

__ $\cdot 4 = 0$

④ $63 + 19 =$ ____

$76 - 28 =$ ____

$48 + 35 =$ ____

$33 + 57 =$ ____

⑤ $47 +$ ____ $= 92$

____ $+ 38 = 55$

$97 -$ ____ $= 8$

____ $- 64 = 24$

⑥ $39 + 22 \bigcirc 70$

$77 - 29 \bigcirc 40$

$81 - 42 \bigcirc 39$

$18 + 47 \bigcirc 60$

⑦

| 10 | 11 | 12 |

⑧

| 12 | 10 | 11 |

⑨

| 11 | 12 | 10 |

⑩ 0, 10, ___, ___, ___, ___, ___, ___, ___, 100, 110, 120

⑪ 0, 5, ___, ___, ___, ___, ___, ___, ___, ___, 55, 60

⑫ ___, 2, 4, ___, ___, ___, ___, ___, ___, ___, ___, 22, 24

<, > oder =?

1 5 m ◯ 8 m

14 m ◯ 19 m

7 m ◯ 2 m

36 m ◯ 33 m

2 60 m ◯ 80 m

70 m ◯ 70 m

95 m ◯ 90 m

80 m ◯ 8 m

1 m = 100 cm

3 3 m 48 cm ◯ 4 m 48 cm

3 m 48 cm ◯ 3 m 34 cm

3 m 48 cm ◯ 3 m 8 cm

3 m 48 cm ◯ 2 m 99 cm

4

100 cm	
38 cm	cm
56 cm	cm
32 cm	cm

5 8 m + 6 cm = _____ cm

12 m − 5 cm = _____ cm

18 m − 4 m = _____ m

50 m − 8 m = _____ m

6 60 cm + _____ cm = 90 cm

42 cm + _____ cm = 50 cm

14 m + _____ m = 28 m

9 m + _____ m = 30 m

Ordne!

7 77 cm, 35 cm, 98 cm, 9 cm, 12 cm, 28 cm

_____ > _____ > _____ > _____ > _____ > _____

8 13 m, 3 m, 30 m, 8 m, 18 m, 80 m

_____ > _____ > _____ > _____ > _____ > _____

①
$70 = \underline{\hphantom{00}} \cdot 10$
$50 = \underline{\hphantom{00}} \cdot 10$
$90 = \underline{\hphantom{00}} \cdot 10$
$30 = \underline{\hphantom{00}} \cdot 10$
$40 = \underline{\hphantom{00}} \cdot 10$
$80 = \underline{\hphantom{00}} \cdot 10$
$100 = \underline{\hphantom{00}} \cdot 10$

②
$70 : 10 = \underline{\hphantom{00}}$
$50 : 10 = \underline{\hphantom{00}}$
$90 : 10 = \underline{\hphantom{00}}$
$30 : 10 = \underline{\hphantom{00}}$
$40 : 10 = \underline{\hphantom{00}}$
$80 : 10 = \underline{\hphantom{00}}$
$100 : 10 = \underline{\hphantom{00}}$

③

$\cdot$	5	10
	35	
		40
	15	
		50
	45	

④

:	5	10
10		
30		
50		
20		
40		

⑤
$40 = \underline{\hphantom{00}} \cdot 5$
$25 = \underline{\hphantom{00}} \cdot 5$
$10 = \underline{\hphantom{00}} \cdot 5$
$15 = \underline{\hphantom{00}} \cdot 5$
$30 = \underline{\hphantom{00}} \cdot 5$
$45 = \underline{\hphantom{00}} \cdot 5$
$50 = \underline{\hphantom{00}} \cdot 5$

⑥
$40 : 5 = \underline{\hphantom{00}}$
$25 : 5 = \underline{\hphantom{00}}$
$10 : 5 = \underline{\hphantom{00}}$
$15 : 5 = \underline{\hphantom{00}}$
$30 : 5 = \underline{\hphantom{00}}$
$45 : 5 = \underline{\hphantom{00}}$
$50 : 5 = \underline{\hphantom{00}}$

⑦

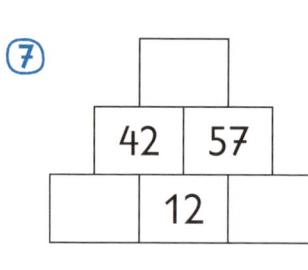

⑧ **⑨**

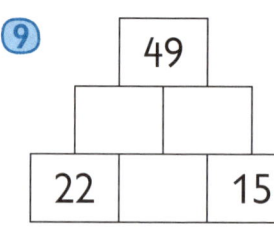

① 12 = ____ · 2

6 = ____ · 2

20 = ____ · 2

10 = ____ · 2

16 = ____ · 2

8 = ____ · 2

4 = ____ · 2

18 = ____ · 2

14 = ____ · 2

0 = ____ · 2

② 12 : 2 = ____

6 : 2 = ____

20 : 2 = ____

10 : 2 = ____

16 : 2 = ____

8 : 2 = ____

4 : 2 = ____

18 : 2 = ____

14 : 2 = ____

0 : 2 = ____

⑤

2	4	6

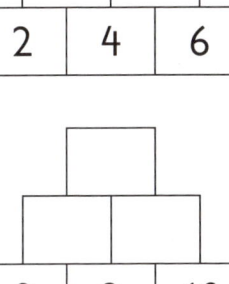

8	2	10

③ 16 = ____ · 4

20 = ____ · 4

8 = ____ · 4

32 = ____ · 4

40 = ____ · 4

12 = ____ · 4

36 = ____ · 4

24 = ____ · 4

28 = ____ · 4

0 = ____ · 4

④ 16 : 4 = ____

20 : 4 = ____

8 : 4 = ____

32 : 4 = ____

40 : 4 = ____

12 : 4 = ____

36 : 4 = ____

24 : 4 = ____

28 : 4 = ____

0 : 4 = ____

⑥

8	4	8

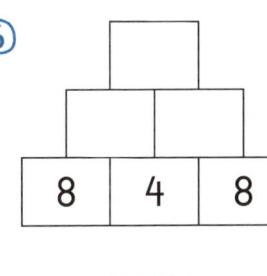

0	16	8

①
0 · 3 = _____
1 · 3 = _____
2 · 3 = _____
3 · 3 = _____
4 · 3 = _____
5 · 3 = _____
6 · 3 = _____
7 · 3 = _____
8 · 3 = _____
9 · 3 = _____
10 · 3 = _____

②
30 = _____ · 3
27 = _____ · 3
24 = _____ · 3
21 = _____ · 3
18 = _____ · 3
15 = _____ · 3
12 = _____ · 3
9 = _____ · 3
6 = _____ · 3
3 = _____ · 3
0 = _____ · 3

③
_____ · 3 = 18
_____ · 3 = 30
_____ · 3 = 3
_____ · 3 = 12
_____ · 3 = 6
_____ · 3 = 0
_____ · 3 = 24
_____ · 3 = 9
_____ · 3 = 15
_____ · 3 = 27
_____ · 3 = 21

④

·	2	5	1	6	3	7	9	4	8	10	0
3											

⑤

·											
3	27	18	3	30	6	21	15	0	9	12	24

⑥ 0, 3, 6, _____, _____, _____, _____, _____, _____, _____, 30, 33

Regel: _____

44

① $5 \cdot 3 =$ ____
$3 \cdot 5 =$ ____

$7 \cdot 3 =$ ____
$3 \cdot 7 =$ ____

$2 \cdot 3 =$ ____
$3 \cdot 2 =$ ____

② $9 \cdot 3 =$ ____
$3 \cdot 9 =$ ____

$6 \cdot 3 =$ ____
$3 \cdot 6 =$ ____

$4 \cdot 3 =$ ____
$3 \cdot 4 =$ ____

③ $10 \cdot 3 =$ ____
$3 \cdot 10 =$ ____

$0 \cdot 3 =$ ____
$3 \cdot 0 =$ ____

$1 \cdot 3 =$ ____
$3 \cdot 1 =$ ____

$8 \cdot 3 =$ ____
$3 \cdot 8 =$ ____

Bei der Tausch-aufgabe muss ich gar nicht rechnen! Super!

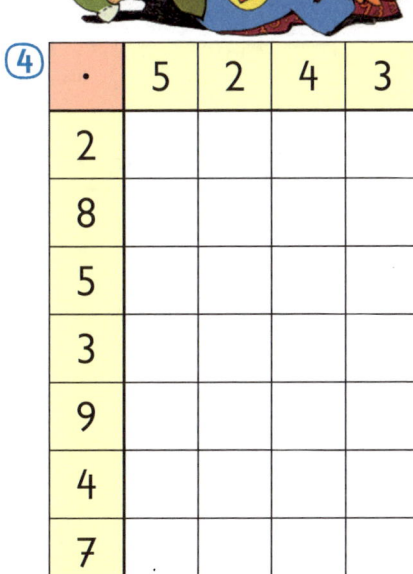

④

·	5	2	4	3
2				
8				
5				
3				
9				
4				
7				
6				

⑤

·	3	5	4	2
	15			
		50		
			4	
				14
			32	
		10		
	18			
4				

① 27 = _____ · 3
18 = _____ · 3
15 = _____ · 3
3 = _____ · 3
21 = _____ · 3
9 = _____ · 3
30 = _____ · 3
12 = _____ · 3
6 = _____ · 3
0 = _____ · 3

② 3 · _____ = 27
3 · _____ = 18
3 · _____ = 15
3 · _____ = 3
3 · _____ = 21
3 · _____ = 9
3 · _____ = 30
3 · _____ = 12
3 · _____ = 6
3 · _____ = 0

③ 12 : 3 = _____
24 : 3 = _____
9 : 3 = _____
18 : 3 = _____
27 : 3 = _____
21 : 3 = _____
6 : 3 = _____
15 : 3 = _____
30 : 3 = _____
3 : 3 = _____

④ 8 → ·4 → ☐ → +43 → ☐ → −50 → ☐ → :5 → ☐ → ·3 → 15

⑤ 23 → +13 → ☐ → :4 → ☐ → ·2 → ☐ → +32 → ☐ → :10 → 5

⑥ 27 → :3 → ☐ → ·5 → ☐ → +55 → ☐ → :10 → ☐ → :5 → 2

⑦ ☐ → +16 → ☐ → :4 → ☐ → ·3 → ☐ → +17 → ☐ → +46 → 87

⑧ 6 → ·3 → ☐ → :2 → ☐ → · → 36 → + → 52 → − → 19

46

① 0 · 6 = ____   ② 60 = ____ · 6   ③ ____ · 6 = 18

  1 · 6 = ____   54 = ____ · 6   ____ · 6 = 60

  2 · 6 = ____   48 = ____ · 6   ____ · 6 = 42

  3 · 6 = ____   42 = ____ · 6   ____ · 6 = 24

  4 · 6 = ____   36 = ____ · 6   ____ · 6 = 6

  5 · 6 = ____   30 = ____ · 6   ____ · 6 = 54

  6 · 6 = ____   24 = ____ · 6   ____ · 6 = 12

  7 · 6 = ____   18 = ____ · 6   ____ · 6 = 48

  8 · 6 = ____   12 = ____ · 6   ____ · 6 = 30

  9 · 6 = ____   6 = ____ · 6   ____ · 6 = 0

10 · 6 = ____   0 = ____ · 6   ____ · 6 = 36

④ 0, 6, 12, ____, ____, ____, ____, ____, ____, ____, 60, 66, ____

⑤ 72, 66, 60, ____, ____, ____, ____, ____, ____, ____, ____, 6, 0

⑥

50	
25	
15	
5	
0	

⑦

40	
24	
8	
12	
4	

⑧

30	
3	
6	
9	
12	

⑨

60	
54	
48	
42	
36	

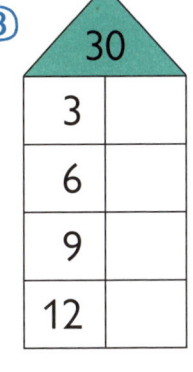

Das kann ich schon!

$33 + 67 =$ _____

$9 \cdot 6 + 46 =$ _____

$100 - 6 =$ _____

$12 : 3 =$ _____

$6 \cdot 6 =$ _____

$10 \cdot 6 + 18 =$ _____

$6 \cdot 5 =$ _____

$18 : 3 =$ _____

$7 \cdot 6 =$ _____

$2 \cdot 6 =$ _____

$24 : 3 =$ _____

$8 \cdot 6 =$ _____

$3 \cdot 4 =$ _____

$9 \cdot 6 =$ _____

$19 + 29 =$ _____

$10 \cdot 6 =$ _____

$4 \cdot 6 =$ _____

$24 : 6 =$ _____

$100 - 22 =$ _____

$36 : 6 =$ _____

$3 \cdot 10 \cdot 2 =$ _____

$3 \cdot 6 =$ _____

4, 4, 6, 6, 8, 12, 12, 18, 24, 30, 36, 38, 42, 48, 48, 54, 60, 60, 78, 78, 94, 100, 100

Zahlenfolgen

① 2, 4, 8, _____, _____, _____, 128

Regel: Immer _____

② 3, 6, 4, 8, 6, _____, _____, _____, _____, _____, _____, _____, 66

Regel: _____

③ 1, 2, 4, 7, _____, _____, _____, _____, _____, 46

Regel: _____

① 4 · 6 = _____

8 · 3 = _____

2 · 6 = _____

4 · 3 = _____

1 · 6 = _____

2 · 3 = _____

5 · 6 = _____

10 · 3 = _____

② 8 · 3 = _____

8 · 6 = _____

5 · 3 = _____

5 · 6 = _____

4 · 3 = _____

4 · 6 = _____

7 · 3 = _____

7 · 6 = _____

③ 18 = _____ · 3

18 = _____ · 6

30 = _____ · 3

30 = _____ · 6

24 = _____ · 3

24 = _____ · 6

_____ = _____ · 3

_____ = _____ · 6

④

·	3	6
2		
4		
6		
8		
9		

⑤

·	3	6
	9	
		30
	21	
		60
	18	

⑥

:	6	3
18		
30		
24		
12		
6		

⑦

11	12	11	12

⑧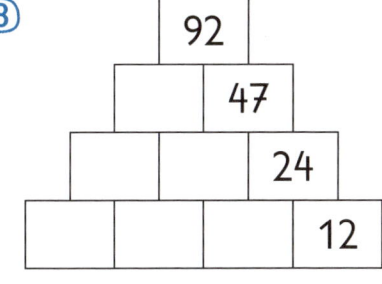

① 0, 8, 16, ____, ____, ____, ____, ____, ____, ____, 80, 88

② 88, 80, ____, ____, ____, ____, ____, ____, ____, 16, 8

③
$0 \cdot 8 = $ ____
$1 \cdot 8 = $ ____
$2 \cdot 8 = $ ____
$3 \cdot 8 = $ ____
$4 \cdot 8 = $ ____
$5 \cdot 8 = $ ____
$6 \cdot 8 = $ ____
$7 \cdot 8 = $ ____
$8 \cdot 8 = $ ____
$9 \cdot 8 = $ ____
$10 \cdot 8 = $ ____

④
$80 : 8 = $ ____
$72 : 8 = $ ____
$64 : 8 = $ ____
$56 : 8 = $ ____
$48 : 8 = $ ____
$40 : 8 = $ ____
$32 : 8 = $ ____
$24 : 8 = $ ____
$16 : 8 = $ ____
$8 : 8 = $ ____
$0 : 8 = $ ____

⑤
____ $\cdot 8 = 32$
____ $\cdot 8 = 64$
____ $\cdot 8 = 16$
____ $\cdot 8 = 48$
____ $\cdot 8 = 24$
____ $\cdot 8 = 80$
____ $\cdot 8 = 40$
____ $\cdot 8 = 0$
____ $\cdot 8 = 72$
____ $\cdot 8 = 56$
____ $\cdot 8 = 8$

⑥

$\cdot$	2	4	6	8	10	9	7	5	3	1	0
8											

⑦

$\cdot$											
8	40	56	16	80	64	32	0	8	48	24	72

① | 7 | 56 | 8 |

$8 \cdot 7 =$ ____
$7 \cdot 8 =$ ____
$56 : 8 =$ ____
$56 : 7 =$ ____

② | 9 | 54 | 6 |

____ $\cdot$ __ $=$ ____
____ $\cdot$ __ $=$ ____
____ $:$ __ $=$ ____
____ $:$ __ $=$ ____

③ | 4 | 8 | 32 |

____ $\cdot$ __ $=$ ____
____ $\cdot$ __ $=$ ____
____ $:$ __ $=$ ____
____ $:$ __ $=$ ____

④

·	2	4	8
3			
6			
9			
7			
5			
8			

⑤

·	8	4	2
	64		
		24	
			4
		16	
	40		
		36	

⑥ $12 : 4 =$ __
__ $\cdot 4 = 12$

$32 : 8 =$ __
__ $\cdot 8 = 32$

$18 : 2 =$ __
__ $\cdot 2 = 18$

⑦ $8 \cdot 8 =$ ____
____ $: 8 = 8$

$5 \cdot 6 =$ ____
____ $: 6 = 5$

$9 \cdot 4 =$ ____
____ $: 4 = 9$

⑧ $48 : 6 =$ __
$48 : $ __ $= 6$

$28 : 4 =$ __
$28 : $ __ $= 4$

$16 : 2 =$ __
$16 : $ __ $= 2$

Rechentraining

① 7 · 3 = _____
   5 · 8 = _____
   4 · 6 = _____
   9 · 3 = _____
   3 · 8 = _____
   6 · 6 = _____
   7 · 8 = _____
   5 · 3 = _____

② 32 = __ · 8
   54 = __ · 6
   27 = __ · 3
   64 = __ · 8
   12 = __ · 3
   48 = __ · 6
   72 = __ · 8
   24 = __ · 3

③ 56 : 8 = __
   40 : 8 = __
   30 : 6 = __
   21 : 3 = __
   9 : 3 = __
   18 : 6 = __
   42 : 6 = __
   16 : 8 = __

④ 0, 6, _____, _____, _____, 30, _____, _____, _____, _____, 60, 66

⑤ 0, 3, _____, _____, _____, 15, _____, _____, _____, _____, 30, 33

⑥ 88, 80, _____, _____, _____, _____, 40, _____, _____, _____, 8, 0

⑦

·	2	4	8	6
3				
7				
9				
6				
5				
8				

⑧

·	3	8	6	4
	12			
		64		
			36	
				20
				36
		56		

① $73 + \underline{\quad} = 100$ ② $47 + \underline{\quad} = 100$ ③ $100 - \underline{\quad} = 59$

   $88 + \underline{\quad} = 100$ $0 + \underline{\quad} = 100$ $100 - \underline{\quad} = 84$

   $24 + \underline{\quad} = 100$ $91 + \underline{\quad} = 100$ $100 - \underline{\quad} = 13$

④ Finde verschiedene Möglichkeiten!

⑤

8	12	13	9

⑥

12	9	8	13

<, > oder =?

⑦ $35 + 27 \bigcirc 50$ ⑧ $63 - 24 \bigcirc 30$ ⑨ $17 + 47 \bigcirc 70$

   $49 + 43 \bigcirc 100$ $82 - 39 \bigcirc 50$ $77 - 48 \bigcirc 40$

⑩ $28 + 56 \bigcirc 90$ ⑪ $100 - 83 \bigcirc 25$ ⑫ $26 + 66 \bigcirc 80$

   $37 + 37 \bigcirc 70$ $91 - 54 \bigcirc 50$ $95 - 57 \bigcirc 50$

① 0, 9, 18, ____, ____, ____, ____, ____, ____, ____, 90, 99

② 99, 90, ____, ____, ____, ____, ____, ____, ____, ____, 9, 0

③

$1 \cdot 10 - 1 =$ ____

$2 \cdot 10 - 2 =$ ____

$3 \cdot 10 - 3 =$ ____

$4 \cdot 10 - 4 =$ ____

$5 \cdot 10 - 5 =$ ____

$6 \cdot 10 - 6 =$ ____

$7 \cdot 10 - 7 =$ ____

$8 \cdot 10 - 8 =$ ____

$9 \cdot 10 - 9 =$ ____

$10 \cdot 10 - 10 =$ ____

④

$90 : 9 =$ ____

$81 : 9 =$ ____

$72 : 9 =$ ____

$63 : 9 =$ ____

$54 : 9 =$ ____

$45 : 9 =$ ____

$36 : 9 =$ ____

$27 : 9 =$ ____

$18 : 9 =$ ____

$9 : 9 =$ ____

⑤

$27 =$ ____ $\cdot\ 9$

$54 =$ ____ $\cdot\ 9$

$36 =$ ____ $\cdot\ 9$

$18 =$ ____ $\cdot\ 9$

$72 =$ ____ $\cdot\ 9$

$9 =$ ____ $\cdot\ 9$

$90 =$ ____ $\cdot\ 9$

$45 =$ ____ $\cdot\ 9$

$81 =$ ____ $\cdot\ 9$

$63 =$ ____ $\cdot\ 9$

⑥

$\cdot$	2	4	6	8	10	9	7	5	3	1	0
9											

⑦

$\cdot$											
9	36	72	45	90	54	81	0	9	63	27	18

①

+	7	9	6	20
				34
			40	
		37		
	65			
62				

②

−	4	6	8	30
41				
	61			
		81		
			31	
				21

③ 3 →·9→ ☐ →+5→ ☐ →:4→ ☐ →·6→ ☐ →+52→ 100

④ 7 →·5→ ☐ →−11→ ☐ →:8→ ☐ →·4→ ☐ →:2→ 6

⑤ ☐ →·8→ ☐ →−30→ ☐ →·2→ ☐ →:5→ ☐ →·9→ 36

⑥ ☐ →:3→ 7 →·→ 28 →+20→ ☐ →:→ 8 →·→ 64

⑦

·	3	6	9
2			
5			
8			
6			
3			

⑧

·	9	6	3
4			
7			
1			
10			
9			

Das kann ich schon!

$4 \cdot 8 =$ _____ $6 \cdot 9 =$ _____

$6 \cdot 4 =$ _____ $9 \cdot 3 =$ _____

$9 \cdot 9 =$ _____ $7 \cdot 8 =$ _____

$8 \cdot 5 =$ _____ $7 \cdot 9 =$ _____

$6 \cdot 8 =$ _____ $9 \cdot 2 =$ _____

$4 \cdot 4 =$ _____ $7 \cdot 6 =$ _____

$12 + 12 =$ _____ $5 \cdot 9 =$ _____

$8 \cdot 8 =$ _____ $6 \cdot 6 =$ _____

$50 - 25 =$ _____ $100 - 36 =$ _____

$24 + 24 =$ _____ $9 \cdot 8 =$ _____

16, 18, 24, 24, 25, 27, 32, 36, 40, 42, 45, 48, 48, 54, 56, 63, 64, 64, 72, 75, 81

① Jede Zahl der Achterreihe gehört auch zur Viererreihe.

☐ stimmt   ☐ stimmt nicht.

② Jede Zahl der Viererreihe gehört auch zur Achterreihe.

☐ stimmt   ☐ stimmt nicht.

③ Alle Zahlen der Viererreihe und der Achterreihe sind gerade Zahlen.

Kreuze an!

☐ stimmt   ☐ stimmt nicht.

④ Die Zahlen der Neunerreihe sind immer ungerade.

☐ stimmt   ☐ stimmt nicht.

①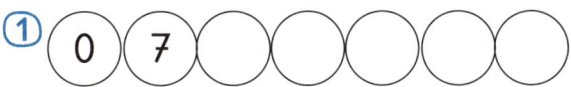

0 7

②

0 14

③ 3 · 7 = ____

6 · 7 = ____

9 · 7 = ____

4 · 7 = ____

10 · 7 = ____

1 · 7 = ____

5 · 7 = ____

2 · 7 = ____

7 · 7 = ____

0 · 7 = ____

8 · 7 = ____

④ 35 = ____ · 7

14 = ____ · 7

70 = ____ · 7

42 = ____ · 7

56 = ____ · 7

63 = ____ · 7

0 = ____ · 7

21 = ____ · 7

49 = ____ · 7

7 = ____ · 7

28 = ____ · 7

⑤ 56 : 7 = ____

28 : 7 = ____

14 : 7 = ____

7 : 7 = ____

35 : 7 = ____

70 : 7 = ____

21 : 7 = ____

42 : 7 = ____

63 : 7 = ____

0 : 7 = ____

49 : 7 = ____

⑥

·	0	2	4	6	8	10	9	7	5	3	1
7											

⑦

·												
7	28	63	0	14	42	70	21	7	56	49	35

①

·	2	5	7	9
8				
4				
2				
6				

②

·				
9	81			
6		42		
3			9	
5				20

③ 6 7 42

$6 \cdot 7 =$ ____

$7 \cdot 6 =$ ____

$42 : 7 =$ ____

$42 : 6 =$ ____

④ 63 9 7

____ $\cdot$ __ $=$ ____

____ $\cdot$ __ $=$ ____

____ $:$ __ $=$ ____

____ $:$ __ $=$ ____

⑤ 7 4 28

____ $\cdot$ __ $=$ ____

____ $\cdot$ __ $=$ ____

____ $:$ __ $=$ ____

____ $:$ __ $=$ ____

⑥ 56 7 ☐

____ $\cdot$ __ $=$ ____

____ $\cdot$ __ $=$ ____

____ $:$ __ $=$ ____

____ $:$ __ $=$ ____

⑦ ☐ 35 ☐

____ $\cdot$ __ $=$ ____

____ $\cdot$ __ $=$ ____

____ $:$ __ $=$ ____

____ $:$ __ $=$ ____

⑧ ☐ ☐ ☐

____ $\cdot$ __ $=$ ____

____ $\cdot$ __ $=$ ____

____ $:$ __ $=$ ____

____ $:$ __ $=$ ____

<, > oder =?

⑨ $8 \cdot 6 \bigcirc 9 \cdot 5$

$28 : 4 \bigcirc 42 : 6$

⑩ $7 \cdot 8 \bigcirc 9 \cdot 6$

$32 : 4 \bigcirc 49 : 7$

⑪ $5 \cdot 5 \bigcirc 3 \cdot 9$

$4 \cdot 4 \bigcirc 5 \cdot 3$

① ·	4
2	
5	
6	
8	
4	
7	
9	

② :	4
16	
18	R
20	
23	R
24	
27	R
32	

③ ·	8
3	
6	
9	
7	
5	
8	
4	

④ :	8
24	
28	R
40	
43	R
48	
50	R
56	

⑤ $20 : 3 = \underline{} R \underline{}$

$\underline{} \cdot 3 + \underline{} = 20$

$25 : 6 = \underline{} R \underline{}$

$\underline{} \cdot 6 + \underline{} = 25$

⑥ $43 : \underline{} = 6 R \underline{}$

$43 : \underline{} = 7 R \underline{}$

$59 : \underline{} = 8 R \underline{}$

$59 : \underline{} = 7 R \underline{}$

⑦ $33 : 6 = \underline{} R \underline{}$

$44 : 8 = \underline{} R \underline{}$

$13 : 5 = 2 R \underline{}$

$42 : 7 = 6 R \underline{}$

⑧ :	10
40	
42	R
30	
36	R
60	
65	R

⑨ :	5
25	
27	R
30	
33	R
45	
48	R

⑩ :	2
8	
9	R
10	
11	R
12	
13	R

① 30 ct + ____ ct = 1 €

75 ct + ____ ct = 1 €

24 ct + ____ ct = 1 €

11 ct + ____ ct = 1 €

② 25 ct + 25 ct + ____ ct = 1 €

48 ct + 28 ct + ____ ct = 1 €

9 ct + 17 ct + ____ ct = 1 €

78 ct + 5 ct + ____ ct = 1 €

1 € = 100 ct

Ordne!

③ 35 ct, 12 ct, 14 ct, 78 ct, 9 ct, 47 ct

_____ < _____ < _____ < _____ < _____ < _____

④ 19 €, 90 €, 27 €, 72 €, 91 €, 7 €

_____ > _____ > _____ > _____ > _____ > _____

⑤ 6 · 8 € + ____ € = 100 €

5 · 5 € + ____ € = 100 €

7 · 9 € + ____ € = 100 €

4 · 4 € + ____ € = 100 €

⑥ 8 · 2 € + ____ € = 100 €

9 · 9 € + ____ € = 100 €

4 · 6 € + ____ € = 100 €

10 · 10 € + ____ € = 100 €

<, > oder =?

⑦ 5 · 3 € ◯ 20 €

7 · 5 € ◯ 30 €

6 · 5 € ◯ 30 €

4 · 8 € ◯ 40 €

⑧ 7 · __ € > 50 €

9 · __ € < 20 €

6 · __ € > 40 €

8 · __ € = 40 €

① 66

29	
39	
22	
26	
48	

②

39	38
27	
48	
42	
59	

③ 88

44	
9	
17	
28	
39	

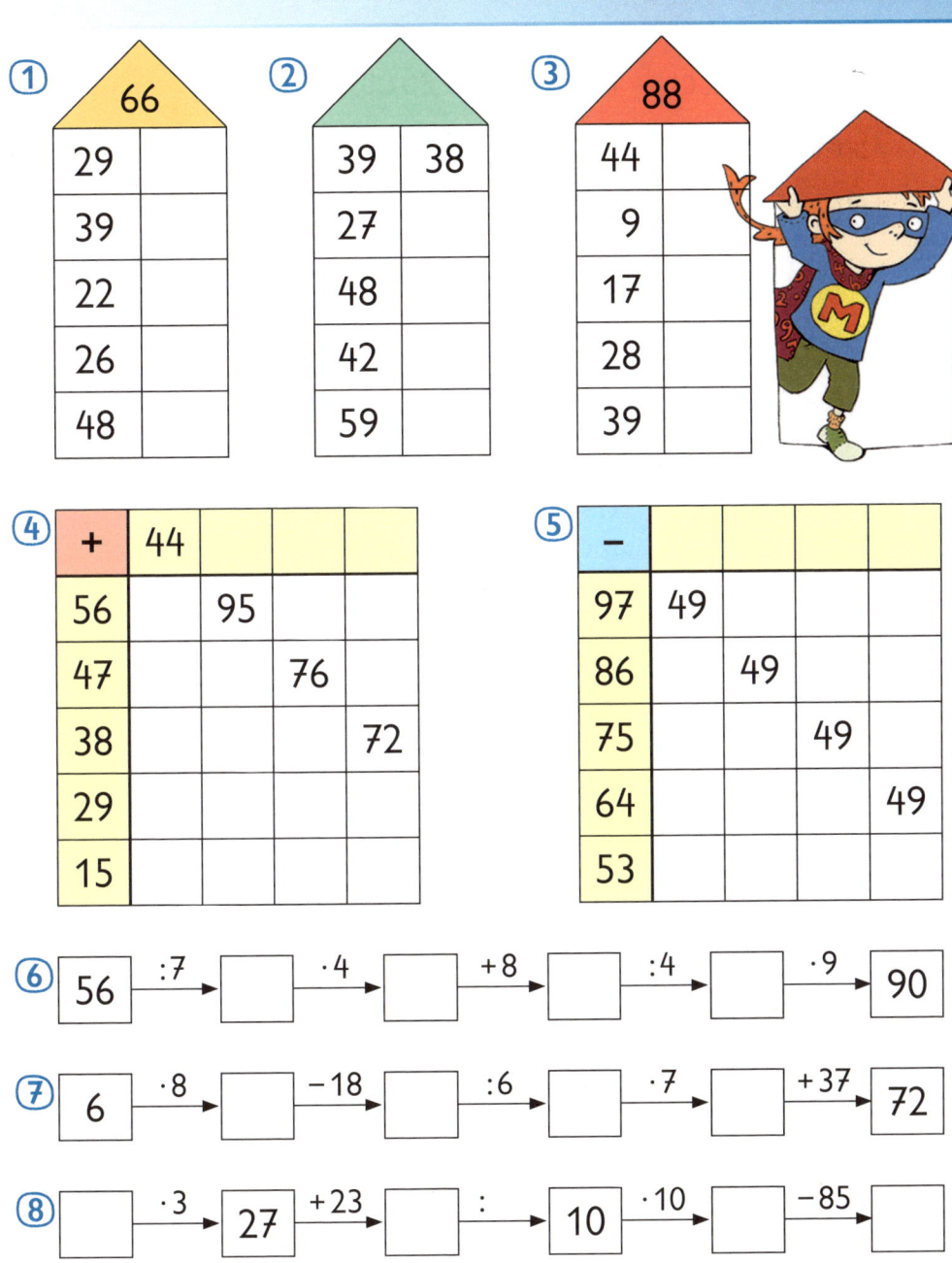

④

+	44			
56		95		
47			76	
38				72
29				
15				

⑤

−				
97	49			
86		49		
75			49	
64				49
53				

⑥ 56 →(:7) ☐ →(·4) ☐ →(+8) ☐ →(:4) ☐ →(·9) 90

⑦ 6 →(·8) ☐ →(−18) ☐ →(:6) ☐ →(·7) ☐ →(+37) 72

⑧ ☐ →(·3) 27 →(+23) ☐ →(:) 10 →(·10) ☐ →(−85) ☐

⑨ ☐ →(·) 32 →(−) 6 →(·) 42 →(+) 56 →(:) 7

Das kann ich schon!

$22 + 78 =$ ___	$3 \cdot 6 =$ ___	$4 \cdot 8 =$ ___
$36 : 9 =$ ___	$4 \cdot 3 =$ ___	$5 \cdot 10 =$ ___
$24 + 67 =$ ___	$9 \cdot 7 =$ ___	$6 \cdot 7 =$ ___
$30 : 6 =$ ___	$9 \cdot 9 =$ ___	$25 + 66 =$ ___
$36 - 24 =$ ___	$7 \cdot 5 =$ ___	$82 - 47 =$ ___
$18 + 45 =$ ___	$3 \cdot 8 =$ ___	$36 + 36 =$ ___
$82 - 70 =$ ___	$48 : 6 =$ ___	$49 + 32 =$ ___
$4 \cdot 8 + 3 =$ ___	$90 - 55 =$ ___	$7 \cdot 8 =$ ___
$100 - 19 =$ ___	$6 \cdot 2 =$ ___	$2 \cdot 5 \cdot 5 =$ ___
$3 \cdot 3 \cdot 8 =$ ___	$8 \cdot 9 =$ ___	$90 - 48 =$ ___

4, 5, 8, 12, 12, 12, 12, 18, 24, 32, 35, 35, 35, 35, 42, 42, 45, 50, 50, 56, 63, 63, 72, 72, 72, 81, 81, 81, 91, 91, 100

① Finde viele Lösungen!

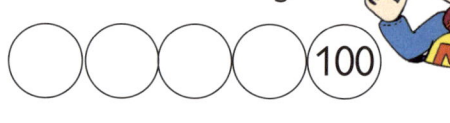

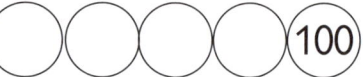

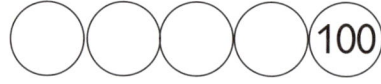

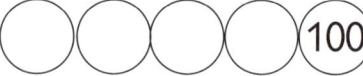

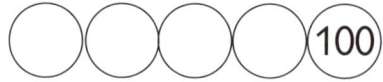

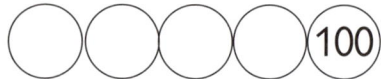

②

① $56 : 7 = \underline{}$

$\underline{} \cdot 7 = 56$

$12 : 4 = \underline{}$

$\underline{} \cdot 4 = 12$

$42 : 7 = \underline{}$

$\underline{} \cdot 7 = 42$

$48 : 6 = \underline{}$

$\underline{} \cdot 6 = 48$

② $76 : 8 = \underline{} \; R \underline{}$

$\underline{} \cdot 8 + \underline{} = 76$

$25 : 4 = \underline{} \; R \underline{}$

$\underline{} \cdot 4 + \underline{} = 25$

$43 : 5 = \underline{} \; R \underline{}$

$\underline{} \cdot 5 + \underline{} = 43$

$18 : 6 = \underline{} \; R \underline{}$

$\underline{} \cdot 6 + \underline{} = 18$

③ <, > oder =?

$30 : 6 \bigcirc 40 : 8$

$6 \cdot 8 \bigcirc 7 \cdot 7$

$4 \cdot 9 \bigcirc 6 \cdot 6$

$54 : 9 \bigcirc 2 \cdot 4$

$4 \cdot 4 \bigcirc 3 \cdot 5$

$64 : 8 \bigcirc 81 : 9$

$5 \cdot 5 \bigcirc 8 \cdot 3$

$7 : 7 \bigcirc 6 : 3$

④ 15 16 ◯ ◯ ◯

⑤ 16 17 ◯ ◯ ◯

⑥ 17 18 ◯ ◯ ◯

⑦ 18 19 ◯ ◯ ◯

⑧ Meine Rechenketten

◯ ◯ ◯ ◯ ◯   ◯ ◯ ◯ ◯ ◯

⑨ Finde verschiedene Lösungen

◯ ◯ ◯ ◯ 50   ◯ ◯ ◯ ◯ 60

◯ ◯ ◯ ◯ 70   ◯ ◯ ◯ ◯ 80

Rechentraining

① $20 + 40 =$ _____   ② $20 + 47 =$ _____   ③ $38 + 24 =$ _____

$70 - 50 =$ _____ $60 - 36 =$ _____ $65 - 19 =$ _____

$60 + 8 =$ _____ $59 - 23 =$ _____ $47 + 35 =$ _____

$80 - 4 =$ _____ $14 + 16 =$ _____ $9 + 89 =$ _____

$47 - 5 =$ _____ $82 + 7 =$ _____ $91 - 65 =$ _____

$33 + 6 =$ _____ $67 - 34 =$ _____ $100 - 88 =$ _____

④

·	10	5	2	4	8
2					
6					
3					
8					
7					

⑤

·	3	6	9	7
5				
9				
7				
4				
6				

⑥ $32 : 4 =$ __   ⑦ $30 : 9 =$ __ R__   ⑧ $14 : 3 =$ _____

$49 : 7 =$ __ $17 : 2 =$ __ R__ $42 : 7 =$ _____

$18 : 2 =$ __ $38 : 6 =$ __ R__ $38 : 4 =$ _____

$72 : 9 =$ __ $60 : 8 =$ __ R__ $9 : 2 =$ _____

$20 : 5 =$ __ $25 : 4 =$ __ R__ $81 : 9 =$ _____

$24 : 6 =$ __ $47 : 5 =$ __ R__ $27 : 5 =$ _____

$56 : 8 =$ __ $65 : 7 =$ __ R__ $33 : 6 =$ _____